بیاض

(مجموعہ کلام)

بدیع الزماں خاور

© Badiuzzaman Khawar

Bayaaz *(Ghazals)*

by: Badiuzzaman Khawar

Edition: March '2025

Publisher :

Taemeer Publications LLC (Michigan, USA / Hyderabad, India)

ISBN 978-93-6908-997-0

مصنف یا ناشر کی پیشگی اجازت کے بغیر اس کتاب کا کوئی بھی حصہ کسی بھی شکل میں بشمول ویب سائٹ پر اَپ لوڈنگ کے لیے استعمال نہ کیا جائے۔ نیز اس کتاب پر کسی بھی قسم کے تنازع کو نمٹانے کا اختیار صرف حیدرآباد (تلنگانہ) کی عدلیہ کو ہو گا۔

© بدیع الزماں خاور

کتاب : **بیاض** (مجموعہ کلام)

مصنف : **بدیع الزماں خاور**

صنف : شاعری

ناشر : تعمیر پبلی کیشنز (حیدرآباد، انڈیا)

سالِ اشاعت : ۲۰۲۵ء

صفحات : ۱۰۴

سرورق ڈیزائن : تعمیر ویب ڈیزائن

والدِ محترم

حضرتِ صوفی بانکوٹیؒ

کی خدمت میں

کوکن پہ نہ کیوں ناز کرے شاہدِ اردو
خاؔور سا اسی خاک سے فنکار اٹھا ہے

ترتیب

غزلیں

بساطِ صبح پر قبضہ جمالو، کیوں لرزتے ہو
ادا کا ذکر چھڑے، بانکپن کی بات چلے
شرط ہے عزمِ سفر بھی غمِ منزل کے سوا
آتشِ جہدِ مسلسل میں نکھر کر دیکھو
خم پہ خم لیتے ہیں .....
جنونِ غم کا یہ انجام بھی غنیمت ہے
دور تک جہد و عمل کی روشنی ہم سے ہوئی
تیرگی چاک گریباں ہے خبردار رہو
مہر و ماہ کے آگے سر جھکا نہیں سکتے
خون جب ٹپکتا ہے .....
صاف یہ بتاتی ہے جنبشِ قلم یارو
جلا ہے یوں دلِ بیتاب ....
زلفوں میں کوئی پھول .....
دیارِ جور میں اک گلبدن سے پیار کیا
گزر بھی ہے جو دل پر کسی سے کیا کہیے
دل سے نزدیک اگر کوئی سویرا ہوتا
محفل میں نہیں، آ کے سرِ دار کیا ہے
حادثے ذہن پہ جب .....

غالب کی لے نہ میر کی آواز چاہیے	صبح تک رات کے دامن میں ...
محدود رہ سکی نہ غمِ روزگار تک	موت کا پیامی ہے ...
جلتے ہیں دل ...	جگمگائیں گے در و دیوار سبھی ایک دن
کر کے بستر میں کسی کو یاد رویا کیجیے	طرزِ بیدل میں ہیں...
جب انجمن میں نغمہ سرا ہو گیا ہوں میں	منفعل ہو کے ...
جو لوگ شعلِ فکر و نظر جلا نہ سکے	پچھلے پہر مشکل سے نیندیں...
نظر آتی نہیں مشکل وہاں تک	صدیوں سے زر و سیم انھیں تول رہے ہیں
دمک رہا ہے اندھیرے میں چاندنی جیسا	اک سیلِ اشکِ غم ...
حسن کی صورت ...	اشک ڈھلکے تو...
بہت گھبرا رہے ہیں...	زندگی کی بہار کی شامیں
روشنی تو ہے لیکن معتبر نہیں یارو	بخشے گئے ہیں ...
دل کے لیے فکرِ سحر و شام بہت ہے	دامن میں اپنے خار ...
دلِ شیخ و نگاہِ برہمن کی آزمائش ہے	دیکھ کر حال بیقراروں کا
آج کی حقیقت کو بے نقاب کرتے ہیں	اشعار

پیش لفظ

یہ غالباً ۱۹۵۶ - ۵۷ء کا زمانہ تھا۔ بدیع الزماں خاور دلّی میں مقیم تھے اور اردو کے ایک ایسے ماہنامے میں کام کرتے تھے جس کا دفتر 'تحریک' کے دفتر کے ساتھ ہی واقع تھا اس لیے اکثر ان سے ملاقات کا موقع ملتا۔ یہ خاور صاحب کی شاعری کا ابتدائی دور تھا اور وہ بیک وقت کلاسیکل روایت اور ترقی پسندی کے میلان سے متاثر نظر آتے تھے۔ پھر انھوں نے دلّی کو خیر باد کہا اور دوبارہ اپنے آبائی قصبے کو جا بسا یا۔ ان سے نصف ملاقات کا سلسلہ اس کے بعد بھی جاری رہا۔ خطوں کے ساتھ کبھی کبھی وہ اپنی نئی چیزیں بھی بھجواتے اور ان کی ہر نئی غزل یا نظم دیکھ کر مجھے محسوس ہوتا کہ روایتی اور رسمی عناصر سے وہ دھیرے دھیرے اپنا دامن چھڑاتے جا رہے ہیں —— آج جب میں ان کے کلام کے تیسرے مجموعے کے لیے یہ سطریں لکھ رہا ہوں اور اس میں شامل غزلیں اور اشعار میرے سامنے ہیں تو میں کہہ سکتا ہوں کہ مستعار اسالیب کی گرفت سے خود کو آزاد کرا لینے میں وہ خاطر خواہ حد تک کامیاب رہے ہیں۔

خاور کی شاعری موضوعاتی اعتبار سے تنوع اور رنگا رنگی کی حامل ہے۔ دل کے معاملات سے لے کر دنیا کے مسائل تک ایک لمبا علاقہ ہے جس سے ان کا قلم سبک خرامی کے ساتھ گزرتا ہے۔ دل کے معاملات ان کے ہاں کم ہیں اور دنیا کے مسائل کا ذکر زیادہ مگر معاملاتِ دل اور مسائلِ دنیا کو انھوں نے الگ الگ خانوں میں نہیں رکھا ہے۔

اگرچہ اس کا اس بنا پر احتمال ہو سکتا تھا کہ جب انھوں نے شعر کہنا شروع کیا تو یہ اس وقت کے بعض معتدد شعرا کی مرغوب روش تھی جو ان پر بھی اثر ڈال سکتی تھی۔ یہ خاور کی ذہنی سلامت روی کی دلیل ہے کہ وہ زندگی کی اس مصنوعی تفریق پر ایمان نہیں لائے، اور انھوں نے حیات و کائنات کو ایک اکائی کی صورت ہی میں دیکھا ہے۔

خاور طبعاً امید پرست نظر آتے ہیں اسی لیے ان کی آواز ایک رجائی آہنگ کی حامل ہے۔ ان کے کلام میں ان کی ذاتی شکستوں کا اظہار بھی ہے اور عصری صورت حال کی المناکیوں سے بھی وہ نا آشنا نہیں ہیں لیکن ان کا دل جہاں ذاتی ہزیمتوں کو بالآخر کامرانیوں میں بدل لینے کی امنگ سے سرشار ہے، وہاں عصری زندگی کے ناپسندیدہ پہلوؤں کو وہ ایک عبوری دور کی عارضی نشانیاں سمجھتے ہیں اور اسی لیے ان سے خائف نہیں۔ انسانی سرشت کے مثبت پہلوؤں پر ان کا اعتماد غیر متزلزل ہے اور وہ ماحولی جبر کے مقابلے میں فرد کی بے چارگی سے باخبر ہوتے ہوئے بھی فرد ہی کو ماحول کا کارفرما خیال کرتے ہیں اور اس کی تابِ مقاومت کو اس کی سب سے بڑی قوت قرار دیتے ہیں۔

عصری عوامل پر فرد کی حاکمیت کا ذکر خاور کی زبان پر بار بار آیا ہے۔ اس حاکمیت کو وہ فرد کا حق ہی نہیں اس کا فریضہ بھی خیال کرتے ہیں، ایک ایسا فریضہ جس کی انجام دہی سے اسے ناساعد سے نامساعد حالات میں بھی دستبردار نہیں ہونا چاہیے۔ اس مشکل لیکن ناگزیر ذمہ داری سے عہدہ برآ ہونے کے لیے ان کی نظر میں خارجی وسائل سے زیادہ ان داخلی مزاجی کیفیات کی اہمیت ہے جو صداقت شعاری اخلاص وایثار اور دوسروں کے دکھ درد کو خود اپنا دکھ درد سمجھنے کے اخلاقی اوصاف سے جنم لیتی ہیں۔

خاور انسانی شرف ہی کے مفسر نہیں وہ اس زمین کی بڑائی اور عظمت کے بھی مبلغ

نظر آتے ہیں جو انسان کا مولد و مسکن اور اس کی تمام تر سرگرمیوں کی جولانگاہ ہے، زندگی اور توانائی کا سرچشمہ ہے اور جس کی قربت انسان کی فطری قوتوں کی نشوونما کی ضامن ہے ۔۔ غالباً زمین پرستی کے اسی جذبے کا ایک پہلو وہ ہے جسے ان کے کلام میں وطن پرستانہ تصورات کی صورت میں دیکھا جا سکتا ہے۔

خاور صنعتیت کی راہ پر گامزن بڑے بڑے شہروں کی وسعت پذیری اور ان کے مقابلے میں زندگی کے چھوٹے چھوٹے دیہی مراکز کی پسپائی سے ناخوش ہیں۔ ان کی اس ناخوشی کا سبب یہی ہے کہ بڑے صنعتی شہروں میں رہ کر انسان دھرتی کی زندگی بخش سگندھ سے دور جا پڑتا ہے اور جب کسی عالیشان عمارت کی پچیسویں منزل سے وہ نیچے دیکھتا ہے تو اسی دھرتی سے اسے خوف آنے لگتا ہے جس کی آغوش اس کے لیے آغوشِ مادر کی طرح کشادہ رہی ہے۔ خاور ایک چھوٹے سے قصبے کے باسی ہیں اور ان کے گرد و پیش کی فضا آج کے بڑے صنعتی شہروں کی فضا سے خاصی مختلف ہے۔ زمین کے ساتھ اس کا پرانا رشتہ ابھی منقطع نہیں ہوا۔ اسی لیے خاور ابھی مضبوطی سے زمین پر قدم جمائے کھڑے ہیں اور بے زمینی اور عدم تحفظ کے اس احساس سے دور ہیں جو ان کے بہت سے معاصروں کا مقدر ہے۔

یہ ممکن ہے کہ بعض لوگوں کو خاور کے کلام میں کہیں کہیں ایک ایسی خوش عقیدگی کی جھلک نظر آئے جس پر ایمان لانا ان کے لیے مشکل ہو لیکن شاعری سے محظوظ ہونے کے لیے یہ ضروری نہیں کہ پڑھنے والا شاعر کا ہم خیال بھی ہو۔ یہ بھی ضروری ہے نہ غالباً ممکن کہ ایک عصری صورتِ حال سے، اس عہد میں جینے والے تمام لوگ ایک ہی طرح کا اثر قبول کریں اور اس کی ایک طرفہ تعبیرات کے ماننے والے ہوں۔ موجودہ ہیئتِ اجتماعی میں فرد جس داخلی کرب سے دوچار ہے خاور اس سے بے خبر نہیں مگر یہ خود ان کا تجربہ نہیں ہے۔ پھر ان کا عہد اپنے دامن میں نئے امکانات کی جو دولت لیے

ہوئے ہے اس پر بھی: ان کی نظر ہے۔ ان کا اندازِ نظر ان لوگوں سے مختلف ہے جنھوں نے ہمعصر حساس انسانوں کی پامالی اور بدانجامی کو طے شدہ امر سمجھ لیا ہے اور جنھیں اپنے آگے اندھیرے کی دیوار کے سوا کچھ سجھائی نہیں دیتا۔ خاورؔ کی نظر اندھیرے کی اس دیوار سے ٹکرا کر ان کا ساتھ نہیں چھوڑ دیتی بلکہ اس دیوار کے پار، دور مستقبل کے دھندلکوں میں کروٹیں لیتی ہوئی، آنے والے دنوں کی خوبصورت زندگی کے خواب بھی انھیں دکھاتی رہتی ہے۔

مجھے امید ہے کہ ہمعصر شاعری کی یکسانیت سے پریشان قاری کے لیے خاور کی یہ غزلیں تسکینِ ذوق کا سامان فراہم کریں گی اور اس کی دلچسپی کا باعث ہوں گی۔

مخمور سعیدی

دہلی، ۲؍اپریل ۱۹۷۳ء

بساطِ صبح پہ قبضہ جما لو، کیوں لرزتے ہو
تمھیں ہو فاتحِ ظلمت اجاد کیوں لرزتے ہو
ارے کچھ لغزشوں کا آسرا لو کیوں لرزتے ہو
خود اپنے شوق کو منزل بنا لو کیوں لرزتے ہو
حریفِ گردشِ دوراں ہے اس کی رہ گزر یارو
یہاں بے خوف اک محفل سجا لو کیوں لرزتے ہو
مری تحریک کی تائید بھی تم سے نہیں ہوتی
حضورِ وقت میرے ہم خیالو کیوں لرزتے ہو
چمن میں تم رہیں اور سرخیٔ گل نامکمل ہو
ندیمو! بڑھ کے خونِ دل اچھالو کیوں لرزتے ہو

عجب کیا ہے کہ یہ کانٹے کسی دن پھول بن جائیں
انھیں کانٹوں سے اب دامن بچا لو کیوں لرزتے ہو

ہیں دن کی سرحدوں پر سخت پہرے، ہم نے یہ مانا
ستارو! صبح تک تو جگمگا لو کیوں لرزتے ہو

خلل تو پڑ ہی جائے گا کسی کی نیند میں خاورؔ
مگر تم سازِ بیداری اٹھا لو کیوں لرزتے ہو

ادا کا ذکر چھڑے، بانکپن کی بات چلے
پھر ایک بار اسی انجمن کی بات چلے

ابھی تو سایۂ دیوار و در ہے دور بہت
ابھی نہ اہلِ سفر میں تھکن کی بات چلے

دلِ امید زدہ کو پگھل کے دیر ہوئی
وفا کی راہ میں اب جان و تن کی بات چلے

تمام عمر سمٹ کر شبِ وصال بنے
تمام عمر کسی گلبدن کی بات چلے

ہمارے ساتھ نہ اٹھ جائیں پیار کی رسمیں
ہمارے بعد بھی دار و رسن کی بات چلے

ہر ایک دور کے ہوتے ہیں اپنے غم خاور
ہر ایک دور میں کیوں میرے فن کی بات چلے

شرط ہے عزمِ سفر بھی، غمِ منزل کے سوا
بات سوچو کوئی آسانی و مشکل کے سوا

یہ نہیں ہے کہ سزاوار نہیں ہم ان کے
غمِ دنیا بھی ہے اک چیز غمِ دل کے سوا

خونِ دل دیکھیے لاتا ہے سرِ دار کسے
سب یہاں موردِ الزام ہیں قاتل کے سوا

ہو کوئی بزم، اٹھائے نہیں اٹھتے ہیں قدم
جانے یہ بات ہے کیوں اک تری محفل کے سوا

آپ کے لطف کے حقدار بہر حال ہیں ہم
آپ جو چاہیں سمجھ لیں ہمیں سائل کے سوا

قصۂ درد کو یوں طول نہ دیجے خاور
سرخیاں اور بھی ہیں تذکرۂ دل کے سوا

آتشِ جہدِ مسلسل میں نکھر کر دیکھو
مشکلو! میری رہِ غم سے گزر کر دیکھو

میرے پیراہنِ صد چاک پہ ہنسنے والو
تم ذرا عالمِ وحشت سے گزر کر دیکھو

ہم بھی انداز محبت کے سمجھ سکتے ہیں
ہم پہ اک بار محبت کی نظر کر دیکھو

اس کے آغوش میں تم سے بھی حسیں ملتے ہیں
چاند تارو! مری دھرتی پہ اتر کر دیکھو

غیر ممکن نہیں خاورؔ کہ کرن پھوٹ پڑے
ان اندھیروں سے بھی تم امیدِ سحر کر دیکھو

خم بہ خم لٹتے ہیں وقتِ شام، تیرے شہر میں
اک ہمیں پھرتے ہیں تشنہ کام تیرے شہر میں

ڈر ہے ابھریں نہ پھر تیری رفاقت کے نقوش
آپڑے ہیں کچھ ضروری کام، تیرے شہر میں

ہم نے پوجا تو نہیں ان کو مگر دیکھے بہت
ہو بہو تجھ سے کئی اصنام، تیرے شہر میں

قہقہوں کی یہ نمائش ہے فریبِ سرخوشی
ورنہ سب ہیں کشتۂ آلام تیرے شہر میں

کیوں سرِ بازار تیرے جور کی تشہیر ہو
کیوں پکاریں لے کے تیرا نام تیرے شہر میں

تا سحر اب کیا گزرتی ہے، کسے معلوم ہے
بڑھ رہی ہے تیرگیِ شام تیرے شہر میں

کاش اس کے بعد کوئی اور پھر گردش نہ ہو
لائی تو ہے گردشِ ایام تیرے شہر میں

جنونِ غم کا یہ انجام بھی غنیمت ہے
نہیں ہے لب پہ ترا نام بھی غنیمت ہے
تری نگاہ کی رفعت سے گرنے والوں کو
پناہِ گردشِ ایام بھی غنیمت ہے
اگر خلوصِ نظر سے عطا کرے ساقی
تو میکشوں کو تہی جام بھی غنیمت ہے
فسردگی ہی سہی گلستاں کی قسمت میں
نئی بہار کا پیغام بھی غنیمت ہے

مآل کچھ سہی ، اس بے عمل زمانے میں
ہماری کوششِ ناکام بھی غنیمت ہے
ہزار تلخ سہی دوستی کا رنگِ فریب
رفاقتوں کا یہ انعام بھی غنیمت ہے
اگرچہ موردِ الزام پیار ہے خاور
ہمارے سر پہ یہ الزام بھی غنیمت ہے

دور تک جہد و عمل کی روشنی ہم سے ہوئی
زندگی کہتے ہیں جس کو زندگی ہم سے ہوئی

ہم نے رکھی ہیں لویں دل کے چراغوں کی بلند
ظلمتِ دیر و حرم میں روشنی ہم سے ہوئی

صرف ہم نے گلستانوں ہی کو مہکایا نہیں
خارزاروں میں بھی پیدا تازگی ہم سے ہوئی

آسماں پر ہم نے ڈالی ہے نگاہِ جستجو
شہرِ مہر و ماہ میں یہ روشنی ہم سے ہوئی

روحِ غمگیں کو ترنم کا چلن ہم سے ملا
خشک نالوں میں بھی پیدا نغمگی ہم سے ہوئی

فکر کو ہم نے عطا کی ہیں نئی رعنائیاں
دلکش و رنگین خاور شاعری ہم سے ہوئی

تیرگی چاکِ گریباں ہے، خبردار رہو
آمدِ صبحِ بہاراں ہے خبردار رہو

امتحانِ دلِ سوزاں ہے خبردار رہو
سامنے شہرِ نگاراں ہے خبردار رہو

شمعِ دل بجھ کے نہ رہ جائے کہیں پہلے سے
دوستو جشنِ چراغاں ہے خبردار رہو

اپنی منزل پہ پہنچنا کوئی آسان نہیں
راہ میں ایک بیاباں ہے، خبردار رہو

چوم لو بڑھ کے نشیمن کے ہر اک تنکے کو
برقِ گلشن کی نگہباں ہے خبردار رہو

غیرتِ دردِ محبت پہ نہ حرف آجائے
چارہ گر مائلِ درماں ہے خبردار رہو

اپنی عظمت کے لیے وقت کا مغرور خدا
درپئے عظمتِ انساں ہے خبردار رہو
اس میں خاکسترِ دل کی بھی ضرورت ہوگی
کارِ تزئینِ گلستاں ہے خبردار رہو
دلِ خاورؔ ہے کہ بہکے ہی چلا جاتا ہے
نگہِ یار کا فرماں ہے "خبردار رہو!"

مہر و ماہ کے آگے سر جھکا نہیں سکتے
ہم زمیں کی عظمت پر حرف لا نہیں سکتے
میری منزلِ غم کی سختیاں کوئی دیکھے
ساتھ رہنے والے بھی ساتھ آ نہیں سکتے
ہے الگ زمانے سے اپنی شانِ میخواری
پی تو خوب لیتے ہیں لڑکھڑا نہیں سکتے
اس ادا سے دیتے ہیں آپ حکمِ گویائی
بات کوئی دیوانے لب پہ لا نہیں سکتے

لاؤ سونپ دو ہم کو کارِ آشیاں بندی
بکھرے بکھرے تنکوں کو تم سجا نہیں سکتے
کارگاہِ ہستی کی آبرو عمل سے ہے
ورنہ صرف منصوبے کام آ نہیں سکتے
معتبر نہیں خاورؔ یہ بہار کی عظمت
گل کے ساتھ جب کانٹے مسکرا نہیں سکتے

خون جب ٹپکتا ہے مشکلوں کی راہوں میں پھول مسکراتے ہیں
خارزارِ ہستی کو ہم سے آبلہ پا ہی گلستاں بناتے ہیں
خامۂ کارِ مضطرب جب، زعمِ نغمہ سنجی میں اُٹھ کے گنگناتے ہیں
گیت گھٹ کے رہتے ہیں، ساز تھرتھراتے ہیں، تار ٹوٹ جاتے ہیں
گیت کس لیے گاؤں عرش کے ستاروں کے، غیر کے سہاروں کے
مجھ کو منزلِ شب میں میرے فرش کے کِرمک روشنی دکھاتے ہیں
واعظو انھیں روکو، جن کے منہ سے آتی ہے خون کی بھبک اکثر
تشنگی کے عالم میں ہم تو جامِ اشکوں کے پی کے لڑکھڑاتے ہیں

دردوغم کے افسانے انجمن میں دُہرا کر ہم نے خوب دیکھا ہے
لوگ کتنی مشکل سے دل کی سوگواری پر اعتبار لاتے ہیں

ہجرِ یار کے مارو، لذتیں تصور کی، وصل کی طرح لوٹو
یہ حسین لمحے بھی پیار کے اندھیروں میں مشکلوں سے آتے ہیں

جن کے لب پہ دعوے ہیں روشنیِ محفل کے، عظمتِ چراغاں کے
بے خبر ہیں خاؔور، کتنے دل بجھا کر وہ اک دیا جلاتے ہیں

صاف یہ بتاتی ہے جنبشِ قلم یارو
کر رہے ہو تاریخِ عہدِ نو رقم یارو

آج اپنے سینے میں کائنات سمٹی ہے
آج اپنے دل میں ہے اک جہاں کا غم یارو

صرف چلتے رہنے میں لطفِ رہروی کب ہے
چند مشکلیں آئیں، چند پیچ و خم یارو

اپنی خوش بیانی نے انجمن کو تڑپایا
ورنہ کون سنتا ہے داستانِ غم، یارو؟

آؤ اپنے کاسوں کی خود کریں گے دلداری
ننگِ وضعِ غیرت ہے منتِ کرم یارو

آکے نزدِ منزل اب شام سے لرزنا کیا
پانو تیز اٹھیں گے وقت اگر ہے کم یارو
ان کڑے مصائب کی تاب کون لائے گا
جن کڑے مصائب میں جی رہے ہیں ہم یارو
سادہ لوح خاور کی یاد کیوں ستاتی ہے
ترکِ دوستی کی جب کھائی ہے قسم یارو!

جلا ہے یوں دلِ بیتاب رات بھر تنہا
ہو جیسے ظلمتِ رنگوں میں ظفر تنہا

بہاریں جو مرے ہم صفیر تھے، نہ رہے
خزاں کی دھوپ میں بیٹھا ہوں شاخ پر تنہا

خود اپنے گھر کا پتا مل نہیں رہا ہے مجھے
بھٹک رہا ہوں اندھیرے میں دربدر تنہا

غموں نے پیڑ اگائے ہیں بے شمار، مگر
ہے سایہ دار ترے درد کا شجر تنہا

میں اپنے آپ سے کچھ دیر گفتگو کر لوں
خیالِ یار مجھے چھوڑ دے اگر تنہا

جیسے چراغ جلانے ہوں منزلِ نو پر
وہ راہِ شوق میں پہلے کرے سفر تنہا
کچھ اس ادا سے ہے محفل میں جلوہ گر کوئی
ہوئی ہے محوِ تماشہ مری نظر تنہا
میں اک معلّمِ اردو زباں بھی ہوں خاور
نہیں ہے شاعری میرے لیے ہنر تنہا

زلفوں میں کوئی پھول نہ ہاتھوں پہ حنا ہے
اس شہر کے خوباں پہ عجب وقت پڑا ہے

کیا گزرے گی اب شیشہ و ساغر پہ نہ جانے
میخانے میں قصہ تری آنکھوں کا چھڑا ہے

ہے یہ مرے ہاتھوں میں ترا نامۂ رنگیں
یا گوشۂ صحرا میں کوئی پھول کھلا ہے

رودادِ ستم ہو کہ وفاؤں کی کہانی
وہ سامنے بیٹھیں تو سنانے میں مزا ہے

تم پھول سمجھ کر نہ انھیں ہاتھ لگاؤ
جلتے ہوئے زخموں سے مرا جسم سجا ہے

یہ بات غنیمت ہے کہ بہروں کے نگر میں
کچھ لوگوں نے خاورؔ مرا پیغام سنا ہے

دیارِ جور میں اک گلبدن سے پیار کیا
لہو سے ہم نے فروزاں چراغ دار کیا

شبِ سیاہ کو گیسوئے مشکبو سمجھے
فراقِ یار کو ہم نے وصالِ یار کیا

غمِ بتاں نہ سہی، دردِ کائنات سہی
خموش دل کو کسی نے تو بے قرار کیا

پڑا جو وقت تو ہم نے حسین یادوں سے
غمِ حیات کے موسم کو خوشگوار کیا

یہ بھول ہم سے ہوئی ہے کہ بے نیازوں کا
وفا کے موڑ پہ اک عمر انتظار کیا

ہماری طرزِ جنوں آج منفرد ٹھہری
کہ ہم نے وقت کے دامن پہ آج وار کیا

گزر رہی ہے جو دل پر کسی سے کیا کہیے
نہیں ہے کوئی جسے درد آشنا کہیے

حسین چہروں کو دیجے نہ ماہتاب کا نام
نظر کو جام نہ زلفوں کو اب گھٹا کہیے

ہو کوئی طور، پہ اظہارِ آرزو کیجے
کسی طرح بھی کہا جائے مدّعا کہیے

ڈبو چکا ہے سفینوں کو جو کنارے پر
اسی کو وقت پڑا ہے کہ ناخدا کہیے

غمِ حیات کے باوصف مسکراتے ہیں
اسے ہم اہلِ محبت کا حوصلہ کہیے

ہمارا جرم عیاں ہم پہ کیجیے پہلے
پھر اس کے بعد ہمارے لیے سزا کہیے
پڑی ہے عمرِ غم و درد کے بیاں کے لیے
کچھ اور آج غم و درد کے سوا کہیے
بیاں ہوا نہ کسی سے جو بزم میں خاورؔ
پہنچ کے دار پہ وہ قصۂ وفا کہیے

دل سے نزدیک اگر کوئی سویرا ہوتا
بارہم پر نہ یہ راتوں کا اندھیرا ہوتا
صرف اک شکوۂ حالات سے کیا ہوتا ہے
ہم نے رخ گردشِ حالات کا پھیرا ہوتا!
رہ گیا ہوتا بیابانِ طلب میں لٹ کر
شوخ یادوں نے اگر مجھ کو نہ گھیرا ہوتا
قید کرتے نہ، تو اس طائرِ خوش الحاں کا
کیا پتا کون سے جنگل میں بسیرا ہوتا
کاش اس جلتے ہوئے شہر کے بدلے خاورؔ
اپنا کوکن کے کسی گاؤں میں ڈیرا ہوتا

محفل میں نہیں، آ کے سرِ دار کیا ہے
دیوانوں نے جس بات کا اظہار کیا ہے
ہر غم میں رچائی ہے کسی زلف کی خوشبو
ہر درد کو اک شعلۂ رخسار کیا ہے
کچھ تجھ کو پتا بھی ہے کہ کس ناز سے ہم نے
اے گردشِ ایام! تجھے پیار کیا ہے
مہتاب نئے ہم نے اندھیروں سے اُگا کر
راتوں کو اجالوں کا پرستار کیا ہے
اس بات سے ناراض ہیں کچھ لوگ کہ ہم نے
تقلیدِ روایات سے انکار کیا ہے
پَر کھول کے صیّاد نے مرغانِ چمن کے
پرواز کی طاقت کو گرفتار کیا ہے

شیشوں کا ہوا اعجاز کہ نظروں کا کرشمہ
رندوں کو کسی شے نے تو سرشار کیا ہے

ہے دھوپ اگر تیز تو ہو، ہم نے بدن کو
خود اپنے لیے سایۂ دیوار کیا ہے

جینے کی تمنّا نے ترے شہر میں ہم کو
دیوانہ بنایا ہے، گنہگار کیا ہے

اس بات پہ دنیا نے کہ ہم اہلِ ہنر ہیں
خاورؔ ہمیں رسوا سرِ بازار کیا ہے

حادثے ذہن پہ جب گرد جما لیتے ہیں
ہم کسی خواب کی ندی میں نہا لیتے ہیں

اتنے ڈرتے ہیں اندھیروں سے کہ دن ڈھلتے ہی
رات کے غار میں سورج کو چھپا لیتے ہیں

راستہ صبحِ تمنا کو دکھانے کے لیے
درد کی آگ اندھیرے میں جلا لیتے ہیں

جب اجالوں کو ترس جاتے ہیں تنہائی میں
اپنے زخموں سے کوئی چاند اگا لیتے ہیں

دیکھتا ہے غمِ ایام ہمیں حیرت سے
جب ترے درد کو سینے سے لگا لیتے ہیں

شاعری سے ہمیں بس ربط ہے اتنا خاورؔ
دل دھڑکتا ہے تو کچھ گیت سنا لیتے ہیں

غالبؔ کی لے نہ میرؔ کی آواز چاہیے
اپنا سخن میں منفرد انداز چاہیے

یہ آرزو نہیں کہ کھلے میکدے کا باب
اس چشمِ مست کا ہمیں در باز چاہیے

کچھ آشیاں کی یاد، شریکِ سفر رہے
اور آشیاں میں کچھ غمِ پرواز چاہیے

وہ بے وفا سنے کہ زمانہ، حدیثِ غم
دل کو تو کوئی گوش بر آواز چاہیے

آئے قریب شہرت منا محال ہے
پھر بھی دلوں میں ایک تگ و تاز چاہیے
میں ہی ترے جمال سے مسرور کیوں رہوں
تجھ کو بھی میرے پیار پہ کچھ ناز چاہیے
دل تم بھی لے چلو کہ خبر آج گرم ہے
خاورؔ کسی حسین کو اک ساز چاہیے

محدود رہ سکی نہ غم روزگار تک
دل کی صدا پہنچ ہی گئی تیرے پیار تک

دار و رسن کے موڑ پہ تنہا کھڑے تھے ہم
ہر ہمسفر نے ساتھ دیا کوئے یار تک

بازارِ زندگی میں پھر ایسی کشش کہاں
اے دل یہ رونقیں ہیں ترے کاروبار تک

اب بھی عزیز ہے تری قربت کے باوجود
وہ اک خلش کہ تھی جو ترے انتظار تک

خاورؔ نہ سرگراں ہو کوئی بزمِ ناز سے
یہ رسمِ جبر ہے، مرے صبر و قرار تک

جلے ہیں دل، نہ چراغوں نے روشنی کی ہے
وہ شب پرستوں نے محفل میں تیرگی کی ہے
حدیثِ ظلم و ستم ہے ہنوز ناگفتہ
ہنوز مہرزبانوں پہ خامشی کی ہے
اس ایک جام نے ساقی کی جو عطا ٹھہرا
سکوں دیا ہے نہ کچھ درد میں کمی کی ہے
ہمیں یہ ناز نہ کیوں ہو کہ نے نواز ہیں ہم
ہمارے ہونٹوں نے ایجاد نغمگی کی ہے

چمن میں صرف ہمیں راز داں ہیں کانٹوں کے
گلوں کے ساتھ بسر ہم نے زندگی کی ہے
فراقِ یار نے بخشی ہے وصل کی لذت
خیالِ یار نے ظلمت میں روشنی کی ہے
ہیں جس کی دید سے محرومِ آج تک خاورؔ
اسی کی ہم نے تصور میں بندگی کی ہے

کر کے بستر میں کسی کو یاد، رویا کیجیے
آنسوؤں سے رات بھر دامن بھگویا کیجیے

عاشقوں کو ڈھونڈتی پھرتی ہیں پریاں آج بھی
چاندنی شب میں کھلی چھت پر نہ سویا کیجیے

رات دن کی گردشوں سے چند لمحے مانگ کر
ہو سکے تو دوسروں کے ساتھ کھویا کیجیے

وقت پڑ جائے تو اپنی آرزو کی کشتیاں
اپنے ہاتھوں غم کے ساگر میں ڈبویا کیجیے

درد کی سوغات کو خاورؔ غنیمت جانیے
مسکرا کر زندگی کا بوجھ ڈھویا کیجیے

جب انجمن میں نغمہ سرا ہو گیا ہوں میں
ٹوٹے ہوئے دلوں کی صدا ہو گیا ہوں میں

تھے اور بھی حسین کئی تیرے شہر میں
اک تیری سادگی پہ فدا ہو گیا ہوں میں

کیوں بدگماں ہے میرے غمِ روزگار سے
تیرے لیے ہی تجھ سے جدا ہو گیا ہوں میں

یوں دیکھتے ہیں لوگ سرِ انجمن مجھے
خود جیسے تیری کوئی ادا ہو گیا ہوں میں

خاورؔ ہے اب یہ حال غزالوں کے شہر میں
جیسے صنم کدے میں خدا ہو گیا ہوں میں

جو لوگ مشعلِ فکر و نظر جلا نہ سکے
وہ زندگی کے اندھیروں پہ فتح پا نہ سکے

ہمارا دل ہے فروزاں تو رات کا غم کیا
نہیں یہ شمع کہ طوفاں میں جگمگا نہ سکے

فراقِ یار میں ان پر نہ جانے کیا گزری
خیالِ یار کے لمحات بھی جو پا نہ سکے

ستم شعار سہی زندگی، صنم تو نہیں
ہمارا عشق جسے مہرباں بنا نہ سکے

عجیب ان کے بلانے کا ڈھنگ ہے خاؔور
کہ سب پیام سنیں اور کوئی جا نہ سکے

نظر آتی نہیں مشکل وہاں تک
تمھارا ساتھ مل جائے جہاں تک

زمیں کی یہ بلندی کم نہیں ہے
کہ اس پر جھک رہا ہے آسماں تک

جو دل کی بات سینے میں دبی ہے
پہنچ جائے نہ فریاد و فغاں تک

وفا کا ذکر، ان کی انجمن میں
غنیمت ہے ہماری داستاں تک

ہمارا دل ہے اک ویران مسجد
جہاں ہوتی نہیں خاورؔ اذاں تک

دمک رہا ہے اندھیرے میں چاندنی جیسا
ترے خیال کا پیکر ہے روشنی جیسا

ترے فراق کے لمحوں میں آج کیا جانے
سرور کیوں ہے ترے وصل کی خوشی جیسا

یہ جانتے تو نہ جینے کی آرزو کرتے
کہ سخت کام نہیں کوئی زندگی جیسا

مرے بزرگو! مرا کرب تم نہ سمجھو گے
تمھارا دور کہاں تھا، مری صدی جیسا

غزل ہو، نظم ہو، الفاظ جوڑتے جاؤ
نہیں ہے فن کوئی آسان شاعری جیسا

پتا ملے گا نہ تم کو کسی سے خاؔور کا
نہ اپنے شہر میں رہتا ہے اجنبی جیسا

جس کی صورت کے پر تو کی اک دنیا دیوانی ہے
اور کسی بھومی کی نہیں، وہ گوری ہند ستانی ہے
کالی زلفوں میں جلوے ہیں یارو، اپنی شاموں کے
اجلے رخساروں پر اپنی صبحوں کی تابانی ہے
اس کے گانو کو جانے والی سیدھی راہ بھی ہے لیکن
بل کھاتی پگڈنڈی ہی سے چلنے میں آسانی ہے
دوشیزائیں ناز سے اپنے آپ کو سلمٰی کہتی ہیں
کوکن کی وادی میں جانے کون اختر شیرانی ہے
آج ہمیں پھر یاد کیا ہے ٹوٹی کشتی والوں نے
آج سمندر کی موجوں میں شاید پھر طغیانی ہے

قدم قدم آباد کیے ہیں رنگ محل ارمانوں نے
شہرِ دل میں جانے پھر بھی کیوں اتنی ویرانی ہے
جاگ اٹھی ہے بھور کی دیوی جس کے میٹھے گیتوں سے
دھنش اسی پنچھی کی جانب اک صیاد نے تانی ہے
ناحق نام ہوا ہے اونچا سورج، چاند، ستاروں کا
خود اپنے ذروں سے منور دھرتی کی پیشانی ہے
شوخ حسینوں کے کوچے میں رہتا ہوں خاورؔ لیکن
پیار اسی سے کرتا ہوں جو میرے گھر کی رانی ہے

بہت گھبرا رہے ہیں گھر کے ہم زہرہ جبینوں میں
کوئی تجھ سا نظر آتا نہیں ہے اب حسینوں میں

کچھ اپنے غم کی باتیں ہی نہیں کرتے ہیں دیوانے
لیے پھرتے ہیں یہ تو اک جہاں کا درد سینوں میں

جنھیں وہ خود ہی اکثر جوڑنے کو بیٹھ جاتے ہیں
ملا دیتے ہیں دل ہم، ان شکستہ آبگینوں میں

انھیں کھیتوں کے دامن راس آجائیں تو اچھا ہے
بڑے انمول موتی جگمگاتے ہیں پسینوں میں

جنوں انگیز سنگم کی شبِ مہتاب ہے خاؔور
نکل بیٹھے ہیں ساد تری کے دیوانے سفینوں میں

روشنی تو ہے لیکن، معتبر نہیں یارو
اپنی آرزوؤں کی یہ سحر نہیں یارو

صبحِ نو کی راہوں میں دور تک اداسی ہے
مضمحل فقط اپنے بام و در نہیں یارو

درد کا فزوں ہونا ورنہ غیر ممکن تھا
وقت اپنا پرساں ہے، چارہ گر نہیں یارو

ہیں جنوں پرستی کے اور بھی چلن کتنے
صرف چاک دامانی معتبر نہیں یارو

بُعد و قربِ منزل سے لوگ آشنا کم ہیں
ورنہ سامنے تنہا رہگزر نہیں یارو

جن کا کام اڑنا ہے، وہ طیور اڑ لیں گے
ناگزیر تو قیدِ بال و پر نہیں یارو

سچ بتاؤ خاور کے فن کو پوجتے کیوں ہو
شاعری (سمجھتے ہو جب) ہنر نہیں یارو

دل کے لیے فکرِ سحر و شام بہت ہے
جینا ہے تو یہ گردشِ ایام بہت ہے

اے پیرِ مغاں تم جو محبت سے پلاؤ
ہم تشنہ لبوں کے لیے اک جام بہت ہے

ہیں رات کے دامن میں ستارے تو ہیں کیا
روشن ہو جو اک شمع سرِ شام بہت ہے

دل لے کے کہاں جائیں کہ اب شہرِ بتاں میں
بے مہری و بیگانہ وشی عام بہت ہے

تعزیرِ وفا کے لیے اے شہر کے لوگو!
دیوانوں کے سر پیار کا الزام بہت ہے

اس دور میں، منکر ہے جب انسان خدا کا
خاور یہ پرستارئ اصنام بہت ہے

دلِ شیخ و نگاہِ برہمن کی آزمائش ہے
دفا میں آج اربابِ وطن کی آزمائش ہے

مبارک ہو قد و گیسو کا تم کو امتحاں لوگو
ہمارے ساتھ تو دار و رسن کی آزمائش ہے

گریباں چاک ہو یا رو، نہ دامن پر غبار آئے
جنوں میں آج اپنے پیرہن کی آزمائش ہے

ہماری کج کلاہی بھی حسینو، کم نہیں ہو گی
اگر منظور تم کو، بانکپن کی آزمائش ہے

نہیں غم روشنی کا صرف شمعوں کے پگھلنے تک
اندھیری شب میں ساری انجمن کی آزمائش ہے

غزل تم بھی کہو خاور کوئی غالب کے مصرعے پر
خبر ہے گرم، آج اہلِ سخن کی آزمائش ہے

آج کی حقیقت کو بے وقار کرتے ہیں
لوگ کل کی باتوں کا اعتبار کرتے ہیں
رات کے حریفوں کا حق ہے دن کے سورج پر
یوں تو صبح کا سب ہی انتظار کرتے ہیں
گر رہے ہیں بن بن کر پھول خون کے قطرے
کس ادا سے دیوانے سیرِ دار کرتے ہیں
کم ہیں وقت کی صدیاں ان حسین لمحوں سے
جن کی روشنی میں ہم یادِ یار کرتے ہیں
اک نفس کو رکھتی ہیں گرم کتنی امیدیں
دل کو ان گنت جذبے بے قرار کرتے ہیں
ہے خزاں کو یہ شکوہ اس کی راہ سے ہم لوگ
جب گزرتے ہیں رقصِ نو بہار کرتے ہیں

آؤ چل کے بوسہ دیں خوں شدہ جبینوں کو
لوگ حق پرستوں کو سنگسار کرتے ہیں
کون ہوش مندوں میں صاف بات کہتا ہے
یہ گناہ تو ہم ہی بادہ خوار کرتے ہیں
تم خلا کی حوروں سے دل لگاؤ اے لوگو
ہم تو اپنی دھرتی کے بت کو پیار کرتے ہیں
کاش ایک دن کوئی بے وفا ہی مل جائے
ہم وفا کی راہوں میں انتظار کرتے ہیں
باغباں ہم ان کو مانتے نہیں خاؔور
جو چمن فروشانہ کاروبار کرتے ہیں

صبح تک رات کے دامن میں چھپا کرتا ہے
دن کا سورج بھی اندھیروں سے ڈرا کرتا ہے

میرے اندر سے کسی ڈوبتے انساں کی طرح
کون جانے مجھے آواز دیا کرتا ہے

رات بھر خواب کے صحراؤں میں کوئی پیکر
اک بگولے کی طرح رقص کیا کرتا ہے

اب تو یہ حال ہے اپنے ہی وطن میں ہم سے
اجنبی بن کے ہر اک شخص ملا کرتا ہے

ایک دیوانے کے بارے میں سنا ہے ہم نے
چاند کی سمت وہ حسرت سے تکا کرتا ہے
کچھ ہمیں کھو کے دل وجاں تو نہیں جاتے ہیں
جو ترے شہر میں آتا ہے، لٹا کرتا ہے
پوجتا رہتا ہے دن بھر تو بتوں کو خاور
رات کے وقت مگر ذکرِ خدا کرتا ہے

موت کا پیامی ہے، زندگی کا دشمن ہے
آدمی کو کیا کہیے، آدمی کا دشمن ہے

جن کے خواب کی خاطر کروٹیں بدلتے ہو
ان کا عہد خوش فہمو، نیند ہی کا دشمن ہے

دن چڑھے کیے ہیں بند، آدمی نے دروازے
پوچھتا ہے سورج کو، روشنی کا دشمن ہے

جانے یہ تحیّر کا سلسلہ کہاں پہنچے
عقل دوست ہے جس کی دل اسی کا دشمن ہے

کچھ تری محبت نے مجھ میں شوخیاں بھر دیں
ورنہ یہ زمانہ تو سادگی کا دشمن ہے

سوچیے تو لاشوں پر قصر خود سجاتا ہے
دیکھیے تو انساں ہی قیصری کا دشمن ہے

صرف یہ تعارف ہے عہد نو کے گلچیں کا
شاخِ گل کا قاتل ہے اور کلی کا دشمن ہے

اہلِ ہوش ساتھ اپنے دو قدم چلیں کیونکر
دل رہِ محبت میں آگہی کا دشمن ہے

دورِ جام و مینا پر کس لیے الجھتے ہو
میکشو زمانہ تو سرخوشی کا دشمن ہے

دل ہوں یا دیے یارو! خود بخود نہیں جلتے
انجمن میں کوئی تو تیرگی کا دشمن ہے

گانو سے جو بھٹکا ہے اور اب کہاں جائے
سارا شہر اک تنہا اجنبی کا دشمن ہے
کس قدر تنوّع ہے آدمی کی فطرت میں
بت پرست ہے لیکن آذری کا دشمن ہے
جو غزل کی عظمت کا معترف نہیں خاؔور
وہ ادب کا سودائی شاعری کا دشمن ہے

جگمگائیں گے درو دیوارِ ہستی ایک دن
کام آئے گی ہماری غم پرستی ایک دن

گلستانوں پر تو منڈلاتے ہیں بادل سال بھر
کاش صحرا پر گھٹا کوئی برستی ایک دن

شیشہ وجام وسبو سے ہم تعلق توڑ لیں
اتنی بڑھ جائے تری آنکھوں کی مستی ایک دن

پی رہے ہیں قرض کی مے ہم بھی غالب کی طرح
کیا بنادے جانے ہم کو فاقہ مستی ایک دن

آج امیدوں سے اسے ہم نے سجایا ہے مگر
ہو کے رہ جائے نہ ویراں دل کی بستی ایک دن

کیا ہماری بندگی میں ہے مزہ کھل جائے گا
کر کے دیکھو واعظو تم بت پرستی ایک دن

ہم متاعِ درد کو خاورؔ سمجھتے تھے گراں
کیا خبر تھی ہوگی جنسِ عشق سستی ایک دن

طرزِ بیدل میں ہمیں خواہشِ تحریر نہیں
ہم بھی غالب ہیں مگر معتقدِ میر نہیں

خامشی شرط ہے اظہارِ تمنّا کے لیے
لب رکھو بند کہ یہ موقعِ تقریر نہیں

ہر سحر گزری ہوئی رات کا انجام سہی
ہر اجالا تو مرے خواب کی تعبیر نہیں

کیا کریں گے وہ گلستاں کی خرابی کے سوا
جن کے سینوں میں کوئی جذبۂ تعمیر نہیں

فتح کرلیں وہ دلوں کو تو کوئی بات بنے
چاند جن کے لیے ناقابلِ تسخیر نہیں

روح کو آج بھی احساسِ اسیری ہے بہت
میں نے مانا کہ مرے پانو میں زنجیر نہیں

انھیں ذہنوں میں ابھارو، انھیں لب تک لاؤ
نام جو وقت کی تاریخ میں تحریر نہیں

جو ہو شہزادۂ فن شہرِ غزل میں آئے
شاعری کچھ مرے اجداد کی جاگیر نہیں

سرگراں تو نظر آتے ہیں حوادث سے مگر
ہم بھی کیا لوگ ہیں، آمادۂ تدبیر نہیں

تیرہ آنکھوں کے لیے خاکِ وطن سے بڑھ کر
میں سمجھتا ہوں کوئی سرمۂ اکسیر نہیں

کیوں اسے خلدِ مہاراشٹر نہ کہیے خاؔور
ارضِ کوکن بھی کم از وادیِ کشمیر نہیں

منفعل ہو کے اندھیروں سے نہ ڈھلتا سورج
رات کے وقت بھی اے کاش نکلتا سورج

منجمد ہے یہ زمیں برف کے گولے کی طرح
کیوں نہ ہو اس سے خفا آگ اگلتا سورج

کسی انجان سے خطرے کا پتا دیتا ہے
اپنی کرنوں کی تگ و تاز بدلتا سورج

اس پہ سیاروں کا سب کربِ سفر کھل جاتا
ایک دن اپنی تمنا میں جو چلتا سورج

اپنی راتوں پہ مجھے دن کا گماں ہوتا ہے
دیکھ کر یہ ترے پیکر میں پگھلتا سورج
ملتا جلتا ہے مرے دور کے سلطانوں سے
صبح کے نام پہ تاروں کو نگلتا سورج
زندگی کم نہیں صحرا کے سفر سے خاورؔ
آگ ہے پاؤں تلے سر پہ پگھلتا سورج

پچھلے پہر مشکل سے نیندیں لے آئی کھتی رات
صبح نے لیکن لوٹ لیے سب سپنے ہاتھوں ہات

ارے یہاں تو بسا ہوا ہے ایک انوکھا شہر
کس سے پوچھیں کہاں گیا وہ رادھا کا دیہات

تیری چھاتی میں لہرائے آموں جیسا دودھ
راس تجھے آجائیں گوری کوکن کے باغات

اپنے زخمی سینے جیسے انگاروں کے کُنڈ
لیکن اپنی باتیں جیسے پھولوں کی برسات

جیسے تیری آنکھ میں آنسو جیسے مرے دامن میں پھول
ساوتری کے سنگم پر ہے یوں خاور کی ذات

صدیوں سے زروسیم انھیں تول رہے ہیں
محنت کے پسینے مگر انمول رہے ہیں

بہتر ہے نہ یاد آئے تری زلفِ پریشاں
ہم گیسوئے ہستی کی گرہ کھول رہے ہیں

نغمے لبِ انساں پہ ہیں کچھ اور کبھی لیکن
کانوں میں مرے گیت ہی رس گھول رہے ہیں

طوفان میں اک رقصِ جنوں ہم بھی کریں گے
موجوں پہ سفینے ہی ابھی ڈول رہے ہیں

اب کوکھ کو ردیا کرے ماؤں کی محبت
بچے تو سیانے ہیں کہ پر تول رہے ہیں

ہر دور میں نکھرا ہے ادب نقد و نظر سے
ہر دور کی تخلیق میں کچھ جھول رہے ہیں

اِک سیلِ اشکِ غم، سرِ مژگاں لیے ہوئے
ہم آ گئے ہیں عزمِ چراغاں لیے ہوئے

دیوانے، ان کی زلفِ معطّر کے ذکر پر
اٹھے خیالِ ابرِ بہاراں لیے ہوئے

کشتی کو ڈوبنے سے بچایا تو ہے مگر
ساحل بھی ہو نہ شورشِ طوفاں لیے ہوئے

دیکھے تو کوئی آ کے دلِ داغ داغ کو
تیرہ نصیب ہیں مہِ تاباں لیے ہوئے

ہم کو بھی باریابیِ محفل نصیب ہو
آئے ہیں ہم بھی نذرِ دل و جاں لیے ہوئے

خاورؔ بجا کہ آج بہت سرگراں ہو تم
کچھ اور بھی ہے گردشِ دوراں لیے ہوئے

اشک ڈھلکے تو مئے گلفام کا دھوکا ہوا
تیری آنکھوں پر چھلکتے جام کا دھوکا ہوا

اس طرح میں تیری خاطر گوش برآواز تھا
دل جہاں دھڑکا، ترے پیغام کا دھوکا ہوا

بخش دیں کچھ اس طرح خوشیاں زمانے نے مجھے
غمزدہ دل کو مرے آلام کا دھوکا ہوا

آپ نے فرما دیا جب پیار سے اپنا مجھے
آپ کے اس لطف پر الزام کا دھوکا ہوا

لے لیا جب آپ نے ان گیسوؤں کی چھاؤں میں
آپ کے ان گیسوؤں پر دام کا دھوکا ہوا
مجھ کو کیفِ سد کے آغوش میں گم دیکھ کر
چارہ ساروں کو مرے آرام کا دھوکا ہوا
ہائے خاؔور یہ وطن کی صبح جس کے نور پر
دشتِ غربت کی بھیانک شام کا دھوکا ہوا

زندگی کی بہار کی شامیں
کتنی دلکش تھیں پیار کی شامیں
خامشی ہے تری نگاہوں میں
یا کسی نغمہ زار کی شامیں
دل ہے تجھ بن اداس یوں، جیسے
اک غریب الدیار کی شامیں
ہم غریبوں کی تیرہ بختی سے
جگمگاتی ہیں بار کی شامیں
حادثے جس طرح گزرتے ہیں
یوں بھی گزریں بہار کی شامیں
رو رہی ہیں خوشی کی صبحوں کو
خاورِ سوگوار کی شامیں

بخشے گئے ہیں سیکڑوں غم اک خوشی کے ساتھ
اچھا ہے یہ مذاق، مری زندگی کے ساتھ

جب بھی خیال ساقیِ مجبور آگیا
ہم نے پیے ہیں اشک بڑی سادگی کے ساتھ

کانٹے سمجھ لیں مصلحتِ باغباں کی بات
بے وجہ اس کو پیار نہیں ہے کلی کے ساتھ

ہنستا نہیں ہوں میں ترے آگے یہ سوچ کر
آنسو نکل نہ آئیں کہیں پھر ہنسی کے ساتھ

دشمن بھی ہم بنا نہ سکے اس خیال سے
ہوتی ہے دوستی بھی یہاں دشمنی کے ساتھ
تیری نگاہِ لطف کا حق دار ہے وہی
جو کر سکے نباہ، تری بے رخی کے ساتھ
خاور وطن کے جلوے نہ ہوں مجھ پہ طعنہ زن
ان کا بھی ربط ہے مری آوارگی کے ساتھ

دامن میں اپنے خار لیے جا رہے ہیں ہم
پھولوں کو شرمسار کیے جا رہے ہیں ہم
یہ جانتے ہوئے ترا آنا محال ہے
تیرا ہی انتظار کیے جا رہے ہیں ہم
اب پھول کوئی گوش بر آواز ہو نہ ہو
پیغامِ فصلِ گل تو دیے جا رہے ہیں ہم
دامن تک اپنا ہم سے رفو ہو نہیں سکا
غیروں کے چاکِ دل بھی سیئے جا رہے ہیں ہم

شاید کوئی زمانے میں زندہ پرست ہو
اتنے ہی آسرے پہ جیے جا رہے ہیں ہم
اے آستانِ یار، ترے اشتیاق میں
سجدے ہر ایک در پہ کیے جا رہے ہیں ہم
خاؔور جہاں لٹائی تھی ہم نے متاعِ دل
اس سرزمیں سے داغ لیے جا رہے ہیں ہم

دیکھ کر حال بے قراروں کا
دل لرزنے لگا ستاروں کا
میرے دل سے سراغ ملتا ہے
حسرت و یاس کے مزاروں کا
کیجیے بات کوئی طوفاں کی
ذکر کیوں چھیڑیے کناروں کا
کہکشاں اک حسین پر تو ہے
میری دنیا کے ریگ زاروں کا
مسکراؤ کسی طرح پھولو
ٹوٹ جائے نہ دل بہاروں کا
ہائے یہ بیکسی کے دن خاور
ہائے یہ اجتناب یاروں کا

متفرق اشعار

پیغام اگر اب نہ ترے نام چلیں گے
ابھرے گی مری شوخیِ تحریر کہاں پھر

اک رات ملی ہے کہ کریں ختم فسانہ
درد اور سہی موقعِ تفسیر کہاں پھر

کچھ اور کام بھی ہوتے ہیں آدمی کے لیے
حیات صرف نہیں ہے غم و خوشی کے لیے

دیارِ درد سے بچ کر کوئی کہاں جائے
کہ راستہ ہے یہی ایک زندگی کے لیے

تمہارے شہر کے فرہاد غمزدہ ہوں گے
متاعِ دل نہ لٹاؤ اک اجنبی کے لیے

نہ فکرِ جام، نہ وہ حرصِ بادہ رکھتے ہیں
جو چشمِ یار سے نسبت زیادہ رکھتے ہیں

کسی کسی کی طرف غم کے وار آتے ہیں
تمام لوگ کہاں دل کشادہ رکھتے ہیں

سحر کے بعد پھر اک گوشۂ تمنا میں
گزارنے کے لیے لوگ شام آئے ہیں

پیار کی بازیوں میں اے خاور
ہم بڑی سادگی سے ہارے ہیں

ڈر ہے تری سکھیوں سے تجھے بھی نہ ملے ہوں
الزام جو مجھ کو مرے یاروں نے دیے ہیں

پھولوں کے لیے ہم سے کوئی شوخ نہ مچلے
ہم کو تو فقط زخم بہاروں نے دیے ہیں

خاور ہیں خطا بات حکومت سے زیادہ
ہم کو جو حسیں نام، نگاروں نے دیے ہیں

اس سے پہلے تو کبھی رنگِ بہاراں یہ نہ تھا
بوٹا بوٹا پتہ پتہ ہے پریشاں ان دنوں

زندگی تو نغمۂ منصور کی دلدادہ ہے
کون ہوتا ہے سرِ محفل غزلخواں ان دنوں

ہوتے ہیں مسرور سنا کر ماضی کے افسانے لوگ
عہدِ نو میں مل جاتے ہیں اب بھی چند پرانے لوگ

جو پردیس میں حال ہمارا آ کر پوچھا کرتے ہیں
اپنوں سے اچھے لگتے ہیں ہم کو وہ بیگانے لوگ

جن کے اندر جرعہ جرعہ پیار کی مستی ہوتی ہے
توڑتے ہیں کس بیدردی سے وہ نازک پیمانے لوگ

جبر سے چوُر ہونے والوں کا
صبر پہ اختیار ہوتا ہے

اگر پڑ جائے ان میں جان تو حشر تکلم ہو
جو تصویریں ہیں آویزاں مرے دیوان خانے میں

ہر نقش مصوّر کا ہوتا نہیں معیاری
شہکار نہیں بنتی ہر وقت کی فنکاری

تھوڑی سی لچک بھی ہو انسان کی فطرت میں
ہر بات پہ اڑنے کو کہتے نہیں خودداری

ان کے آنسو دامن پر ڈھلکے تو معلوم ہوا
نیلی آنکھوں والے بھی انگارے برساتے ہیں

اہلِ شہر مجنوں کا روپ بھر کے آتے ہیں
ورنہ گاؤں کے بچے سنگ کیوں اٹھائیں گے

آپ ساتھ آئیں یا ہمسفر زمانہ ہو
ہم کو چال سے اپنی لوگ جان جائیں گے

آتا نہیں ہے کوثر و تسنیم کا خیال
اتنے عزیز ہیں مرے گنگ و جمن مجھے

ذکر اس رخ کا بھی چھیڑو، دوستو جس کے طفیل
جا رہے ہو ظلمتوں کو سیمگوں کرتے ہوئے

اہلِ ساحل بھنور میں ہمیں دیکھ کر
سوچتے رہ گئے ڈوب جائیں گے ہم

آدمیت کی داستاں ہم ہیں
دردِ انساں کے ترجماں ہم ہیں

تیرہ بختو! کہاں بھٹکتے ہو
ہے وہیں روشنی، جہاں ہم ہیں

حادثے خود بنائیں گے خاورؔ
کتنے بے خوف و سخت جاں ہم ہیں

رہِ حیات میں کچھ مشکلیں بھی آئیں گی
خیالِ یار سے ہر وقت لو لگائے چلو

بے قراریِ دل کو نیند آ گئی آخر
زلفِ یار کے سائے کس قدر گھنیرے ہیں

یوں زمانے کے ستائے ہیں کہ جی جانتا ہے
زخم رہ رہ کے وہ کھائے ہیں کہ جی جانتا ہے

ہم نے اجڑے ہوئے ایوانِ محبّت خاورؔ
یوں لہو دے کے سجائے ہیں کہ جی جانتا ہے

میرے تاریک ذہن میں خاورؔ
وحشتوں نے دیے جلائے ہیں

مشکلاتِ رہِ منزل سے ہراساں تو نہیں
آدمی کوششِ پیہم سے گریزاں تو نہیں

ہم گھوم پھر کے آئے ہیں شہرِ ملال سے
پوچھے نہ کوئی ہم سے دیارِ طرب کی بات

ٹھٹک نہ جائیں کہیں قافلے بہاروں کے
چمن میں بیٹھ کے افسانۂ خزاں نہ کہو

کاکُلِ یار بہر حال سنور جائے گی
دوستو گیسوِ ایام کی کچھ بات کرو

شکوۂ سنجِ ویرانی کیوں ہو گلستاں والو
تم نے خود ہی گلچیں کو باغباں بنایا ہے

وہاں تک چلو لے کے نورِ یقیں
جہاں تک ہے شامِ گماں دوستو

بے زباں کیوں ہمیں سمجھتے ہو
اک ذرا اپنے لب سیے ہیں ہم

دلِ آشفتہ کا بے ساختہ پن آج بھی ہے
عشق اک مرحلۂ دار و رسن آج بھی ہے

دشمنی ایک زمانے کا ہے دستور تو ہو
اپنی دنیا میں محبت کا چلن آج بھی ہے

کل بھی ہم غیر کے کوچے میں بسر کرتے تھے
اجنبی اپنے لیے خاکِ وطن آج بھی ہے

چڑھ کے سورج نور بہائے یا انگارے کون کہے
پورب میں خوش رنگ شفق کا آنچل تو لہرایا ہے

یہ ہم سے پوچھو کہ کیا بن کے رہ گئے ہو تم
ہمارے ذوق نظر کی توجہات کے بعد

نگارِ شعر کے عارض کو سرخیاں خاور
ملی ہیں خونِ جگر کے تصرفات کے بعد

سہارا تند موجوں کا جسے حاصل نہیں ہوتا
سفینہ وہ کبھی آسودۂ ساحل نہیں ہوتا

کئی پگڈنڈیاں ذوقِ تجسس نے نکالی ہیں
فقط اک راستہ ہی جادۂ منزل نہیں ہوتا

اپنے ہی صبر و ضبط کے کب تک یہ تذکرے
کچھ ان کے ظلم و جبر کی بھی داستاں چلے

ہم اس طرح ورودِ بہاراں پہ اَڑ گئے
سب کھیل شاطرانِ چمن کے بگڑ گئے

کرتے ہیں اب وہ لوگ خزاں کی پیمبری
نازل ہوئے تھے جن پہ صحیفے بہار کے

آدابِ محبت کو بھلایا تو نہیں ہے
ہم کو ستمِ یار کا شکوہ تو نہیں ہے

ناکامِ تمنا دل بیتاب ہے لیکن
منظور اسے ترکِ تمنا تو نہیں ہے

جھکتا ہے یوں تو ایک جہاں تیرے سامنے
رکھتے ہیں ربطِ خاص ترے آستاں سے ہم

وہ منزلِ آخر ہے تری راہِ طلب کی
دنیا نے مرا ساتھ جہاں چھوڑ دیا ہے

ہوئے بلند مثالِ غبار ہم، ورنہ
یہ حادثات ہمیں زیرِ دام کر لیتے

ہمارے شہرِ جنوں میں بھی خاص رونق ہے
یہاں بھی آپ بسر کوئی شام کر لیتے

ہم مداوائے دلِ چاک کریں کیا خاورؔ
ہاتھ رکھتے ہیں ابھی تک تو گریباں کے قریب

جس محفل کی جان بنے تھے کرودھ کپٹ کے شیدائی
ہم نے اسی محفل میں جا کر پیار کے بول سنائے ہیں

سننے والوں نے آہوں کا جن گیتوں کو نام دیا
دل نے تیرے پیار میں اکثر ایسے گیت بھی گائے ہیں

ان کے صحنِ چمن میں خاور، سن کر نام بہاروں کا
ہم بھی گئے تھے کلیاں چننے، ہاتھ جلا کر آئے ہیں

انساں کی عظمت کے پرستار رہے ہم
ہر دور میں اک پیکرِ کردار رہے ہم

کیا کوئی سرِ بزم بھی اس طرح رہے گا
جس رنگ سے مسرور سرِ دار رہے ہم

حوصلہ تو کوئی دیکھے یہ ہمارے دل کا
غمِ دوراں بھی اٹھایا غمِ جاناں کی طرح

ذکر بھی اپنی وفا کا نہیں اس محفل میں
جل گئے جس کے لیے شمعِ فروزاں کی طرح

ہم کوئی بات کریں، نطق پہ پہرہ لگ جائے
آپ جو بات کریں ہو وہی فرماں کی طرح

ہزاروں گیت سماعت نواز ہیں خاورؔ
مگر حیات عبارت ہے نغمۂ دل سے

یاد ہے اس کی دلخراشی مگر
بھول جانا بھی اس کو مشکل ہے

چاند اک سنگِ میل ہے جس کا
میری پرواز کی وہ منزل ہے

جو امیدِ قرار کرتے ہیں
درد کو بے وقار کرتے ہیں

تم نگاہوں کے جام چھلکاؤ
دل کو ہم میگسار کرتے ہیں

میرے تاریک ذہن کو اکثر
میرے غم نور بار کرتے ہیں

بسنے والوں کو خود ترستی ہے
دل کی بستی عجیب بستی ہے

میرے آگے خرد کا نام نہ لو
میرا مسلک جنوں پرستی ہے

ساقی کے آجانے سے
چلتے ہیں پیمانے سے

من مندر میں نور ہوا
پریت کنول جل جانے سے

تیری نظر کے اٹھتے ہی
پھیل گئے افسانے سے

رنج کیا چیز ہے خوشی کیا ہے
ہم سے پوچھو کہ زندگی کیا ہے

تیری آنکھوں میں گر شراب نہیں
چیز پھر یہ شراب سی کیا ہے

کانپتا ہے مرا احساسِ محبّت خاور
جب خیال آتا ہے اس شوخ کی رسوائی کا

ہائے انسان کا کمالِ غرور
جیسے یزداں کی ذات ختم ہوئی

اک کرن ہی سہی روشنی کی
میرے تاریک گھر تک تو پہنچی

رائیگاں ہی سہی سعیِ منزل
ابتدائے سفر تک تو پہنچی

پھولوں کی سمت یوں نہ محبت سے دیکھیے
اک بدنصیب خار کا دل ٹوٹ جائے گا

خاور امڈتے اشکوں کا سیلاب روک لے
یارانِ نغمہ بار کا دل ٹوٹ جائے گا

کوکن پہ نہ کیوں ناز کرے شاہدِ اردو
خاور سا اسی خاک سے فنکار اٹھا ہے

"بیاض" کا شاعر روایت پرستی کا اسیر نہیں وہ اخلاقی، سیاسی، سماجی اور مذہبی تمام فرسودہ روایات کا منکر ہے بلکہ وہ ان روایات کے ردِ عمل کا نقیب ہے یہی اس کی جسارت اور صداقت کی علامت ہے۔

(ڈاکٹر، سیفی پریمی)